Dressing & Vinaigrette

COLOFON

Food Thea Spierings Redactie Désirée Verkaar Art direction/Vormgeving Kirsti Alink Fotografie Food4Eyes.com, Freek Stoltenborgh Styling Christianne Scholten Drukwerk G. Canale & C., Italië Assistent uitgever Josje Kets Uitgever Pieter Harts Met dank aan Subba, Zus&Zo keukengerei, Ikea en In Huis Sfeer en Meer .

e-mail info@millerbooks.nl
www.miller-books.com

WECK

"Eten moet voor mij vooral spannend zijn. En een juiste dressing, maakt zelfs heel simpel eten helemaal af. In dit boekje deel ik mijn geheime tips met je. Zodat jij ook zult merken: dressings en vinaigrettes zijn de finishing touch!"

Thea Spierings is al jaren een van de meest gezichtsbepalende koks van het culinaire tijdschrift Wining&Dining.
Daarnaast heeft zij al vele boeken op haar naam staan, onder andere over asperges en carpaccio.
Zij heeft vele jaren ervaring als chefkok in diverse gerenommeerde restaurants en is genomineerd geweest als Ladychef of the Year.

Haar passie voor koken uit zich in praktische en inspirerende recepten.
Pure, mediterrane smaken met bij voorkeur seizoensgebonden producten.

VOORWOORD

LICHT, INTENS, VERRASSEND, GEZOND...

Een schitterende gebakken kabeljauwlende, nu eens niet geserveerd met een traditionele witte wijnsaus of romige warme saus, maar met een lichtvoetige vinaigrette van fruitige olijfolie en milde kruidenazijn, kappertjes en stukjes groene olijf. Prikkelende, lichte smaken die elkaar perfect aanvullen. De meest aangename verrassing in tijden.

Eten moet voor mij vooral spannend zijn. Een belangrijk misverstand dat ik daarom meteen uit de weg wil ruimen, is dat vinaigrettes en dressings alleen voor over de salade zijn. Ze zijn ongelofelijk veelzijdig, en juist daarom vervelen ze nooit! Een pittige vinaigrette haalt de smaak van verse oesters perfect op, een frisse muntdressing bij gegrild lamsvlees is een verrassende variatie op de klassieke combinatie van lam en munt.

Ik maak en bedenk graag dressings omdat ze echt een 'finishing touch' zijn, letterlijk de aankleding van een gerecht. Iets kan tien keer lekkerder zijn met een goede dressing: smaken vullen elkaar aan en het geheel wordt completer. Je kunt echt spelen met smaken. Na al die jaren ben ik nog steeds niet uitgeëxperimenteerd met verschillende oliën, soorten azijn en mosterd en eindeloos veel kruiden, vruchten en andere ingrediënten.
Eerlijk gezegd vind ik het dan ook onbegrijpelijk dat zo veel mensen hun dressings in flesjes kopen. Ook mijn bestaan is soms hectisch, maar echt, een lekkere vinaigrette heb je binnen een minuut gemaakt! Ook de meeste andere dressings in dit boek zijn minutenwerk. Het maken van een warme gebonden saus is vaak een tijdrovend werkje, maar dit kan iedereen. Ik wil je graag overtuigen: met zo weinig inspanning bereik je een resultaat dat zo veel mooier, zoveel intenser is...

EIDOOIERS
In veel van de dressings in dit boek worden rauwe eidooiers gebruikt. In de supermarkt is ook gepasteuriseerd eigeel (25 g) te koop, mocht je je zorgen maken over salmonella.

BASIS VOOR EEN DRESSING

Aan deze basisdressing kun je eindeloos veel ingrediënten toevoegen. Veel dressings in dit boekje gaan uit van deze basis, waar nodig verwijs ik naar dit recept.

1 eidooier * 1 theel mosterd * 1 theel honing * 100 ml bouillon * 1 theel azijn * ongeveer 200 ml maiskiemolie

1 Meng de eidooier, mosterd, honing, bouillon, azijn en eventuele extra ingrediënten door elkaar met een staafmixer.
2 Giet er de olie bij, goed blijven kloppen tot de dressing een beetje gaat binden.
3 Maak op smaak met zout. Als de dressing 'prikt' in de keel, dan nog olie of zoetstof erbij doen.

Zeker niet onbelangrijk, dressings op basis van plantaardige olie zijn gezonder dan de traditionele warme sauzen met boter en room. De sausjes in dit boek bestaan meestal voor een deel uit bouillon, wat ze niet alleen smaakvoller, maar ook minder calorierijk maakt. Daarnaast heb ik een aantal zeer 'magere' dressings bedacht op basis van yoghurt of kwark.

Uit de oude koffer

Van de klassieke oudheid is al bekend dat sla gegeten werd in combinatie met olie en zout, of azijn, en ook dat dit werd gezien als een bijzonder gezond gerecht. De eerste die vinaigrette of 'French dressing' maakte zoals we die nog altijd kennen, is een naar Engeland geëmigreerde Fransman uit de negentiende eeuw: Chevalier d' Albignac. De legende wil dat hij als meester-salademaker rondtrok in een luxe wagen met een koffer vol geheime ingrediënten, zoals diverse soorten oliën en azijn, ansjovis, ketchup, sojasaus, truffels, kaviaar, vleesextracten en eidooiers. Later verkocht hij reproducties van die koffer, en werd er erg beroemd mee.

Dressing of vinaigrette

Wanneer dressings zijn ontstaan is nog moeilijker, zo niet onmogelijk te zeggen. Want in feite kun je al van een heel eenvoudige dressing spreken als je een beetje kruidige olie over een gerecht schenkt om een lekkere smaak toe te voegen. Ook het onderscheid tussen saus, dressing en vinaigrette is niet helemaal duidelijk. Over het algemeen spreek je van dressing als het een koude saus betreft, meestal op oliebasis, voor over salades en ook voor allerlei andere gerechten. Vinaigrette is dus de naam van de klassieke French dressing van olie en azijn. Met andere woorden: vinaigrette is een dressing, maar een dressing hoeft geen

IDEALE MANIER

Ik heb eens gehoord dat er een Frans gezegde is dat zoiets betekent als 'beleefdheid ligt onderin de schaal'. Dat zou dan slaan op de ideale manier om salade te serveren: de dressing doe je onderin, daarboven leg je dan gekruist het slacouvert, en dáárop de slablaadjes, die dan nog niet met dressing in aanraking komen. Pas op het allerlaatste moment hussel je sla en dressing door elkaar, zodat de blaadjes niet slap kunnen worden. De beleefde manier is dan om eerst zelf op te scheppen en de salade onderin de kom, die dus meer lekkere dressing hebben, aan de gasten te geven.

DE BASIS

Veel mensen zijn een beetje bang om gebonden dressings te maken. Als je je echter aan een aantal basisregels houdt, kan er niets fout gaan.

- Om schiften te voorkomen is het belangrijkste dat alle ingrediënten op kamertemperatuur zijn. Hetzelfde geldt voor je keukenspullen. Tijdens een les nam een cursist een schaal die warm uit de vaatwasser kwam, dat ging dus ook niet goed (wel een mooie les...). Als je dressing toch een keer mocht gaan schiften, hoef je niet alles weg te gooien: je neemt gewoon opnieuw een eidooier en 1 theel mosterd en klopt de oude dressing daar weer rustig doorheen.
- Mijn 'echte' basis is om eidooier, mosterd, honing, bouillon en azijn goed te vermengen en dan druppelsgewijs de olie toe te voegen. Zelf vind ik de staafmixer ideaal om alles te vermengen. Het gaat sneller en je krijgt hetzelfde effect als kloppen. Zodra alles vermengd en gebonden is, is het goed.
- Wat de smaak betreft, heeft iedereen natuurlijk zijn eigen voorkeur. Dressings bevatten meestal een zoetstof als tegenhanger van de azijn. De goede balans is vooral een kwestie van smaak. Zelf ben ik dol op de zurige smaak van Franse dressings en mayonaise; veel Nederlanders hebben graag licht-zoete dressings. Een belangrijke stelregel is dat de saus niet mag 'prikken' in de keel, dan overheerst het zuur te veel en is de smaak niet meer verfijnd. Je kunt dan nog wat zoetstof toevoegen, of als de dressing zoet genoeg is een beetje meer olie.

vinaigrette te zijn. Het onderscheid dat ik maak (en velen met mij) is dat vinaigrettes altijd een basis van olie en azijn hebben, terwijl dressings licht gebonden zijn met bijvoorbeeld eierdooiers, een mayonaise-achtige basis dus, of met kwark, crème fraîche of yoghurt. Probeer zelf maar eens uit!

Thea Spierings

Over dit boek

In dit boek staan 40 dressings, vinaigrettes, sauzen en salsa's. Tenzij anders vermeld, worden de dressings bereid volgens het basisrecept (p. 7) waar eindeloos veel variaties op mogelijk zijn. Vinaigrettes zijn nog eenvoudiger: gewoon een kwestie van alles door elkaar kloppen, of in een pot met schroefdop doen en goed schudden.

RECEPTEN

VINAIGRETTE

Vinaigrette is het wiel van de culinaire wereld: een uitvinding die even simpel als geniaal is, en van onschatbare betekenis. Overal ter wereld is de originele 'Franse dressing' bekend en geliefd. Er zijn ontelbare verrukkelijke variaties op bedacht, in dit boekje vind je een aantal van mijn favorieten. En toch... vóór je verder gaat lezen en experimenteren zou je deze moeten proeven: vinaigrette in zijn meest eenvoudige en oorspronkelijke schoonheid. Ik sta er soms versteld van hoe perfect eten kan zijn als je het terugbrengt naar zijn pure essentie.

1 deel azijn * 3 delen olie * zout en peper
Meng de ingrediënten goed door elkaar.

Het is zo simpel dat het bijna geen recept mag heten, maar probeer dit eens. Neem knapperig verse botersla (in een ideale wereld: bij zonsopgang uit eigen tuin geplukte sla, nog met dauwdruppels bedekt), was en droog hem zorgvuldig om de blaadjes niet te beschadigen en hussel er luchtig met de hand een beetje van deze vinaigrette door, precies genoeg om elk blaadje te omhullen met een dun glanzend laagje. Goddelijke eenvoud.

ITALIAANSE DRESSING

Vinaigrette, les twee. Het kan geen kwaad je klassiekers te kennen, toch? Op het eerste gezicht lijken Franse en Italiaanse dressing nogal veel op elkaar, maar Italiaanse smaakt milder doordat er minder azijn in gaat. Deze al bijna net zo klassieke dressing gebruiken de Italianen voor gemengde salades, om rauwe groente in te dopen, en ook voor warme gerechten, vooral groente en vis.

1 deel rode wijnazijn * 4 delen olijfolie * zout en peper

Azijn, zout en peper goed mengen, al roerende de olie toe voegen.

Het is heerlijk om aubergines, courgettes, paprika's en uien met deze dressing te bestrijken en dan te grillen. Voor het serveren kun je er nog wat meer dressing over druppelen en de groenten misschien nog bestrooien met verse kruiden (van basilicum en oregano krijg ik altijd een erg Italiaans gevoel). Het werkt ook goed met van die sappige grote portobello-champignons, dunne plakken venkel, of wat je verder maar kunt bedenken eigenlijk. Dat is nou echt sfeereten: met een beetje fantasie roept het uitzichten op van groene Toscaanse valleien en oeroude olijfgaarden.

Rosemary
Sage

LEKKER & GEZOND KRUIDENSAUSJE

Magere kwark bevat soms maar één procent vet en is een verrassend frisse grondstof voor dressings: iets zuur en zacht van smaak. De toevoeging van mosterd maakt het pittiger.
Ook dit sausje is min of meer een basisdressing waarmee je naar hartelust kunt variëren. Alle malse groene tuinkruiden zijn geschikt (denk eens aan minder voor de hand liggende soorten zoals dragon, zuring, waterkers of het groen van paardebloem). Verder kun je experimenteren met de soorten mosterd, azijn en olie, of een andere soort verse kaas dan kwark als basis gebruiken, bijvoorbeeld ricotta of mascarpone. In dat laatste geval is het sausje wel romiger, maar niet meer zo heel calorie-arm, natuurlijk.

1 theel mosterd * 4 eetl kwark * 3 eetl kruiden, fijngehakt * 1 eetl kruidenazijn * 1 teentje knoflook, uit de pers * sap van 1 citroen * 1 eetl olijfolie

Meng alle ingrediënten met de staafmixer door elkaar.

Lekker, supergezond en zomers is deze dressing bij salades van allerlei knapperige rauwe groenten. Dit vind ik bijvoorbeeld een heerlijke combinatie: in reepjes gesneden wortel, venkel, courgette en bleekselderij, wat blaadjes rode sla, kiemzaden (bijvoorbeeld alfalfa) en munt.

KRUIDEN VINAIGRETTE

Vinaigrette wordt overal ter wereld gebruikt wordt, in allerlei verschillende smaken. Je zult me niet horen beweren dat deze typisch Spaans is, ik vind het alleen erg leuk om hem zo te gebruiken...
Een gesnipperd uitje (of net iets verfijnder: een sjalot) is een veel gebruikt ingrediënt in vinaigrettes omdat het er lekker wat pit aan geeft. Als je de ui van tevoren even in de azijn laat staan, wordt de smaak wat minder scherp en overheersend.

1 teentje knoflook uit de pers * 2 eetl kruiden, fijn gesneden * 1 theel kruidenazijn * 4 eetl olijfolie
Meng alle ingrediënten goed door elkaar.

Denk aan een zomerse barbecue, vrienden en familie in de tuin, glazen koele rosé, en dan deze heerlijke Spaanse tapa: 'calamares al la parrilla en vinagreta' (gegrilde pijlinktvis in vinaigrette). Smeer de inktvisjes in met een beetje olie, grill ze kort op een hete barbecue en giet er dan wat vinaigrette (die je in dit geval 'vinagreta' mag noemen) overheen. Misschien kun je met bijna net zo weinig moeite nog wat andere tapas maken, bijvoorbeeld met de dressing van gepofte paprika op de volgende bladzijde (die je in dat geval natuurlijk 'pimiento's' noemt!).

DRESSING VAN GEPOFTE PAPRIKA

Ik blijf verbaasd over de wonderbaarlijke transformatie die een paprika ondergaat als je hem poft in de oven. Van fris en sappig wordt hij weergaloos zoet en een tikkeltje rokerig, je zult versteld staan! Leg de hele paprika's onder een gloeiend hete grill tot ze helemaal zwart geblakerd zijn, je moet ze een paar keer draaien. Laat ze afkoelen in een dichtgeknoopte plastic zak of een afgesloten kom. Je kunt het zwarte velletje er nu gemakkelijk af pellen. In goede olijfolie kun je ze zo best een week of twee bewaren (ze moeten helemaal onder staan). Wie van pittig houdt, kan trouwens hetzelfde doen met pepertjes, ook heel bijzonder.

1 rode paprika, gepoft en in stukken gesneden * 1 eetl rode wijnazijn * 1 theel honing * 1 eidooier * 100 ml bouillon * 1 theel mosterd (fijn) * 200 ml maiskiem-olie

Zie de algemene bereidingswijze op p. 7.

Dit is super lekker bij alle soorten salades en gezonde belegde broodjes. De zachte smaak komt bij rood vlees minder tot zijn recht, maar allerlei vissoorten en lichte vegetarische gerechten combineren er weer perfect bij.

ZOMERKONINKJES-DRESSING

Het bijzondere van deze mooi zachtroze dressing is dat hij zeer herkenbaar het aroma van aardbeien in zich heeft, maar dan zonder de zoete smaak die je daar meestal mee associeert. Het zoete van de aardbeien is precies in balans met het zuur van de azijn, zodat de dressing niet uitgesproken zoet is, maar juist heerlijk fris en licht-zuur.

100 g aardbeien, in stukjes gesneden * 1 eidooier * 1 theel aardbeien-azijn * 1 theel mosterd * 100 ml bouillon * 200 ml maiskiemolie

1 Meng met de staafmixer aardbeien, ei, mosterd, azijn en bouillon door elkaar.

2 Giet de olie er langzaam bij tot hij gaat binden, als hij niet zoet genoeg is 1 theel honing erbij.

De smaken van gevogelte en fruit vullen elkaar vaak perfect aan, en in dit geval gaat dat ook op. Een salade met kip of eendenborst smaakt heel luxe en bijzonder met deze dressing erbij. Vaak maak ik de borden dan op met nog een paar hele aardbeitjes, omdat dat heldere rood een gerecht er extra smakelijk uit laat zien, en zo'n sappig vruchtje hier en daar maakt het allemaal nog spannender.

WALNOOT-BASILICUMDRESSING

Die goeie oude walnotenboom in de achtertuin... wat heeft die veel inspiratie opgeleverd. Want die hele berg noten moeten natuurlijk ieder jaar weer helemaal verwerkt worden, in alle mogelijke gerechten.
Basilicum kun je heel gemakkelijk zelf kweken, in de tuin of in een pot. Het enige dat het nodig heeft, is flink wat water. De hele zomer heb je een overvloedige rijkdom aan verse basilicum. (Zelfs supermarkt-potjes kun je goed houden, zet ze voor het raam op een schoteltje en giet daarop dagelijks een beetje water. Als je er iets van wilt gebruiken, pluk dan de top af tot waar de volgende blaadjes zitten, die groeien dan in no-time uit.)
Een overvloed aan walnoten en een overvloed aan basilicum. Wat te doen...?

1 eetl mosterd * 0,5 dl rode wijn * 1 dl olijfolie * 0,5 dl notenolie * 50 g gepelde walnoten, fijngehakt * 30 g basilicum, fijngesneden * zout en peper * 1 theel honing * maiskiemolie

1 Mosterd, azijn, honing en basilicum in keukenmachine of met staafmixer fijn maken.
2 De olie er langzaam bij gieten.
3 De noten erbij, en op smaak brengen met zout en peper.

Walnoten met basilicum is een uitstekende combinatie, die bij heel veel gerechten uitstekend smaakt. Door de stukjes noot heeft deze dressing een lekkere 'bite'. Probeer hem eens bij knapperige lentegroenten zoals peultjes en boontjes, bij een kruidensalade of bij gevogelte.

NOORSE SAUS

Wie gek is op vis moet ook wel van de Noorse keuken houden. Stel je voor: een schitterend gebakken, lichtroze zalmforel met kleine garnaaltjes, een stevige aardappel, in de schil gebakken, en daarbij een dressing van hard gekookte eidooiers, fijngestampt met ansjovis, olie, azijn en veel verse peper.
Ik weet niet of deze saus nou dressing of vinaigrette zou moeten heten; er zit olie en azijn in, maar door de gekookte dooiers wordt hij licht gebonden en lekker, bijna romig. Misschien moet je daar maar niet te veel over tobben en gewoon met grote happen genieten van deze stoere kost. Want het heeft wel iets stoers, hoewel het ook wel weer verfijnd smaakt, met die zalmforel.

2 eidooiers, hard gekookt * 4 ansjovisfilets * 1 theel azijn * 2 eetl olijfolie * zout en peper
Meng alle ingrediënten met de staafmixer goed door elkaar.

Het recept hierboven zou je in elk geval een keer moeten proberen. Ook bij andere visgerechten is deze saus erg goed. Gebakken haring bijvoorbeeld (weer eens iets heel anders dan een rauwe Hollandse nieuwe).

SHERRYDRESSING

Dit is een van mijn klassiekers. Als ik het even niet meer weet, maak ik sherrydressing: het past bijna overal bij. Het bijzondere is dat je absoluut niet van sherry hoeft te houden om hier van te genieten, de drank kleurt de smaak op een heel subtiele manier. Iedereen wordt er blij van!

1 eidooier * 1 theel mosterd * 1 eetl sherry * 1 eetl sherry azijn * 1 eetl honing * 4 eetl bouillon * 200 ml maiskiemolie

Volg de algemene bereidingswijze op p. 7.

...en als ik mezélf aan het opvrolijken ben, gaat deze dressing bij zalm of gebakken scampi!

KLASSIEKE DILLE-MOSTERDDRESSING

Klassieke combinaties zijn niet voor niets klassiek geworden. Experimenteren met smaken is heerlijk, maar steeds vaker grijp ik toch terug op beproefde successen en zoek ik de variatie in de manier waarop die verwerkt worden. Pretentieloos, zonder fratsen, gewoon omdat het werkt.
Dille-mosterd is zo'n combinatie die even klassiek als volmaakt is. Bovendien vind ik dat de smaak van dille de dressing een 'classy', gedistingeerd smaakje geeft.

2 eetl mosterd * 1 eetl wijnazijn * 1 eetl suiker * 100 ml olie * 1 eetl dille, fijngesneden
Meng alle ingrediënten goed door elkaar met de staafmixer.

Deze combinatie schreeuwt gewoon -heel klassiek- om een lekker visje.

MUNTDRESSING

Munt groeit haast overal ter wereld en is dus in heel veel keukens terug te vinden. Er zijn eindeloos veel soorten: Engelse spearmint, Marokkaanse kruizemunt, Amerikaanse bergmunt, Oostenrijkse edelmunt, Koreaanse munt.... De meest geschikte soorten zijn kruidig, fris en haast zoet van smaak.

2 eetl balsamico azijn * 6 eetl munt, fijngesneden * 1 teentje knoflook, geperst * 2 eetl citroensap * 1 eidooier * 1 theel suiker * 200 ml maiskiemolie * zout en peper

Volg de algemene bereidingswijze op p. 7.

De klassieker lamsvlees met munt wil ik graag in ere houden. Serveer deze dressing dus bij gegrilde lamskoteletjes, een hele lamsbout uit de oven of kort geschroeide lamshaasjes... wat je wilt. Deze variatie is wat frisser van smaak dan klassieke muntsauzen. Ook verrukkelijk: een salade met stukjes rosé gebraden lamsfilet, gebakken haloumi-kaas*, tomaten en deze dressing.

Probeer hem verder eens bij aardappels (als salade bijvoorbeeld) of doperwten.

* Haloumi is een vrij zout smakende witte kaas, afkomstig van Cyprus. Hij heeft de bijzondere eigenschap dat hij niet smelt als je hem bakt.

DRESSING VAN GEDROOGDE TOMAAT

De zoete smaak van de zomer, gevangen in een mondvullend, hapklaar pakketje; een zachte, zoete explosie in je mond... zongedroogde tomaatjes zijn om lyrisch van te worden! Op het Italiaanse platteland zie je aan het einde van de zomer vaak gehalveerde en gezouten tomaten op roosters in de brandende zon liggen drogen. Het duurt daar maar een dag of twee voor die 'pomodori secchi' klaar zijn om ingemaakt te worden in lekkere olijfolie. Ik ken iemand die in de Nederlandse zon hetzelfde probeert. Zelf laat ik de oven graag een handje meehelpen, dat vergt al geduld genoeg! (Zet hem op de laagste stand met eventueel de deur op een kier en wacht een uurtje of zes.)

1 eetl gedroogde tomaat * 1 eetl azijn * 1 theel honing * 1 eidooier * 100 ml bouillon * 1 theel mosterd * 200 ml maiskiemolie

Volg de algemene bereidingswijze op p. 7

Bij een vegetarisch gevulde pannenkoek oogstte deze dressing veel complimenten. Meng wat verse groene tuinkruiden door je beslag en vul de pannenkoek met welke groenten je maar lekker vind - op het laatst kun je er misschien nog wat geitenkaas over verbrokkelen. Ook bij allerlei luxe broodjes doet dit sausje het goed.

FRAMBOZEN-CRÈME FRAICHEDRESSING

Romig, fruitig, een beetje zoet, een beetje zuur, een beetje zacht... En dan dat mooie pastelroze...
Misschien is dit niet een van de eerste dingen waar je aan zou denken als begeleiding voor een hartig gerecht, maar juist daarom is het zo'n fijne verrassing.

50 g verse frambozen of een klein blikje * 100 ml crème fraîche * 1 eetl frambozenazijn * 2 eetl olijfolie
Meng alle ingrediënten met de staafmixer goed door elkaar.

Duif is misschien net te zwaar, maar verder laten alle soorten gevogelte zich graag door deze dressing vergezellen. Echt een keer proberen; om de hoeveelheid werk hoef je het in elk geval niet te laten.

ROQUEFORTVINAIGRETTE

In de meeste romige roquefort- en andere 'blue cheese-dressings' wordt de kaas door het mengsel gepureerd. Ik vind dat altijd een beetje zonde van die mooie roomwitte kaas met zijn blauwgroene aders. Vandaar deze variant, een vinaigrette met stúkjes roquefort. Lekker om steeds zo'n pikant brokje in je mond te krijgen, die scherpe smaak is veel te mooi om te verdunnen met mayonaise of zoiets.

100 g roquefort * 1 theel witte wijnazijn * 4 eetl maiskiemolie
Klop olie en azijn door elkaar, voeg dan de stukjes roquefort toe.

Pittige blauwe kazen doen het altijd goed met zoete, sappige partjes peer. (Ik zie een vrij klassieke salade voor me, met waterkers erbij...) Maar van deze vinaigrette zou ik bijvoorbeeld ook wel een beetje aan tafel over een zojuist gegrild biefstukje willen sprenkelen, zodat je kunt zien hoe de kaas zachtjes smelt...

VINAIGRETTE VAN OLIJVEN EN KAPPERTJES

Als je juist een paar weken in de Provence hebt doorgebracht en terug in Nederland zo'n licht weemoedig gevoel maar niet van je af kunt schudden. Als je maar blijft mijmeren over wilde tijm, bossen vol verse kruiden in gammele marktkramen, glanzende vruchtgroenten in alle kleuren tussen zachtgeel en donkeraubergine. Terrassen die eeuwig overgoten zijn met zon. Gras dat altijd groener is.
Nou ja, dit is dus mijn remedie: een soort medley van smaken die ik met dat soort vakanties associeer. Tegelijk eerbetoon en oppeppertje.

1 eetl zwarte olijven, zonder pit, grof gehakt * 1 eetl kappertjes * 1 eetl peterselie, fijngehakt * 1 sjalotje, fijngesneden * 1 eetl witte wijnazijn * 2 eetl maiskiemolie * 2 eetl olijfolie * 1 theel suiker

Meng alle ingrediënten goed door elkaar.

Je kunt de vinaigrette even verwarmen en hem dan lauwwarm serveren, let er wel op dat hij niet mag koken! Speels en verrassend om het zo te doen, het is weer eens wat anders. Een ander voordeel is dat de ingrediënten hun smaken nog beter afgeven en de smaak intenser dan ooit wordt.

DRESSING VAN GROVE MOSTERD

Duizenden jaren wordt het al gegeten, mosterd. Van oorsprong werd het gemaakt door mosterdzaadjes te laten weken in druivensap dat net is gaan gisten, oftewel most. Bij gebrek aan most gebruik je wijnazijn. Als die door de zaadjes is opgenomen, maal je de zaadjes fijn en voeg je een beetje water toe tot het een pasta is, plus flink veel zout, een beetje suiker, en eventueel specerijen zoals peper. Na een weekje rijpen in de koelkast ontstaat de typische mosterdsmaak.
(Ik geef toe, zelf heb ik het nog nooit geprobeerd, maar het is leuk om te weten dat je het zelf zou kúnnen maken, toch?)

1 eetl grove mosterd * 1 eidooier * 1 eetl witte wijnazijn * 100 ml bouillon * 1 theel honing * 200 ml maiskiemolie
Volg de algemene bereidingswijze op p. 7.

Een broodje oude kaas of ham wordt een waar feestje, als je er wat van deze dressing over druppelt. Blaadje sla, tomaatje erbij en je hebt een perfecte lunch. Ouderwetse blokjes kaas bij de borrel kun je ook lekker in deze dressing dippen.

SALSA VERDE

De naam van deze klassieker betekent eenvoudigweg 'groene saus'. De combinatie van de kruiden, knoflook, ansjovis en mosterd maakt het krachtig en heerlijk pittig van smaak.

1/2 bosje peterselie, fijngesneden * 1/2 bosje munt, fijngesneden * 1/2 bosje basilicum, fijngesneden * 1 teentje knoflook, geperst * 1 eetl kappertjes, gehakt * 2 augurken, kleingesneden * 4 ansjovisfilets, kleingesneden * 1 theel mosterd * 1 eetl rode wijnazijn * 4 eetl olijfolie * zout en peper

Meng alle ingrediënten goed door elkaar.

Eigenlijk mag 'groene saus' op geen barbecuefeestje ontbreken: hij smaakt perfect bij gegrild vlees en vis en al die verse kruiden zorgen dat hij een heerlijk zomers aroma verspreidt.

TOMATENDRESSING

Gebruik voor deze dressing vooral rijpe, smaakvolle tomaten, supermarkt tomaten kunnen wat waterig smaken. Dat komt doordat ze te weinig zon hebben gezien: soms worden ze onrijp geplukt en rijpen ze los van de struik verder. Ruik altijd aan de tomaten voor je ze koopt, als ze een lekkere geur hebben (de tomaat zelf, niet alleen het steeltje) is de smaak meestal ook goed. En eerlijk gezegd is een tomaat uit blik nog altijd beter dan een waterige verse.
Wat de kruiden voor deze dressing betreft, kun je naar hartelust experimenteren. Bijna alle groene tuinkruiden zijn geschikt, de rode vruchtgroente is wat dat betreft een echte allemansvriend.

250 g tomaat * 1/2 dl maiskiemolie * 1/4 dl witte wijnazijn * 1 eetl gehakte kruiden, zoals bieslook, peterselie, kervel * zout en peper

1 Snij een tomaat in vieren en verwijder de zaadjes, snij het vruchtvlees in kleine blokjes.
2 Doe de rest van de tomaten met het vruchtvlees in een keukenmachine en maak het fijn of doe dit met de staafmixer.
3 Wrijf door een zeef, voeg de azijn, olie en tomatenblokjes toe en roer alles goed door.
4 Roer er de kruiden door en maak op smaak met zout en peper uit de molen.

Deze zachte dressing smaakt heel verrassend bij witvis: weer eens wat anders dan een witte wijnsaus. De combinatie van tomaten en kruiden haalt de smaak perfect op zonder te overheersen.

ASPERGEDRESSING

Het aspergeseizoen duurt traditioneel van de derde donderdag in april tot de feestdag van St. Jan op 24 juni. Daarna laat de teler de stengels in de grond zitten, zodat ze tot mooie struiken kunnen uitgroeien. Gaat hij langer door met oogsten, dan is de opbrengst het jaar erop veel minder.
Het is vast deel van de magie van asperges dat ze maar zo kort verkrijgbaar zijn, ik kan er in elk geval erg naar uitkijken. Je hoeft trouwens niet zo'n aspergegek als ik te zijn om van deze dressing te genieten. De specifieke smaak van het 'witte goud' komt hierin heel mooi tot zijn recht.

2 asperges, geschild * 1 eidooier * 1 theel witte wijn aziijn * 1 theel mosterd * 1 theel honing * 1 soeplepel aspergevocht * maiskiemolie

1 Kook de asperges gaar en snij in stukken, bewaar het kookvocht.
2 Meng eidooier, azijn, mosterd, honing, asperges en aspergevocht met de staafmixer door elkaar en giet er langzaam de olie bij tot het gaat binden, maak op smaak met zout.

Zalm en asperges is weer zo'n klassieke combinatie die ook in dit geval goed werkt. Het is heerlijk om beetgaar gekookte asperges in deze dressing te marineren en koud te eten als voorgerecht. Of druppel hem over een salade met gegrilde asperges. Grillen geeft de groente een heel nieuwe dimensie, ze worden zoeter doordat ze licht karamelliseren en ze houden toch een lekkere 'bite'.

APPELDRESSING

Appels zijn eigenlijk heel gewoon. Des te leuker vind ik het om met zo'n overbekend product dingen te maken waardoor mensen verrast zijn. Dat is misschien wel de grootste uitdaging van koken: bijzondere dingen maken met simpele ingrediënten.
De appel in deze dressing is heel herkenbaar 'appelig' en fris.

1 appel, in stukjes gesneden * 1 eidooier * 1 theel mosterd * 1 theel honing * 1 theel appelazijn of witte wijnazijn * 1 soeplepel bouillon * olie

1 Meng met een staafmixer de appel, ei, mosterd, honing, azijn en de bouillon.
2 Giet de olie er langzaam bij, tot hij gaat binden.

Met de asperges van de vorige bladzijde nog in het achterhoofd schiet me een heerlijke salade te binnen waar deze dressing perfect bij is. Een frisse gemengde salade met beetgare asperges, gebakken kalkoenfilet, stukjes appel en rode ui. In salades waarin walnoten verwerkt zijn, doet hij het ook goed.

KAPPERTJESVINAIGRETTE

Heb je wel eens een kappertje van heel dichtbij bekeken? Als je goed kijkt, kun je zien dat het kleine bloemknoppen zijn. Een luxe idee.
Meestal gaat de kappertjessmaak er erg op vooruit als je ze voor gebruik goed afspoelt. Zo verwijder je wat van het zout en de azijn waarin ze zijn ingemaakt en daardoor proef je meer kapper. In dit geval moet je dat juist niet doen, de knopjes zó uit de pot hebben namelijk precies genoeg azijn en zout om de dressing op smaak te maken.

2 eetl kappertjes * 2 eetl olijfolie * 2 eetl maiskiemolie * peper (en eventueel extra zout)

1 Meng een lepel kappertjes met de olie, met een staafmixer.
2 Roer er de rest van de kappertjes door en maak op smaak met zout en peper.

Ik kook graag vegetarisch. Vlees- en visloos koken vergt meer creativiteit van een kok en je gaat op een andere manier naar de ingrediënten kijken wanneer de groente niet meer 'voor erbij' is, maar het hoofdbestanddeel. In mijn restaurant vond ik het leuk als er een vegetarisch verrassingsmenu besteld werd, dan moest ik à la minute 4 mooie gangen bedenken. Je ontdekt echt de kracht van sommige ingrediënten.
Dit is niet de meest verrassende vondst die ik op die manier heb gedaan. Maar deze vinaigrette is toevallig zo ontstaan en ik heb hem sindsdien vaak gemaakt omdat hij in al zijn eenvoud gewoon super lekker is. En dan vooral bij alle mogelijke groentegerechten: gegrild, gebakken, gekookt, gevuld, rauw als salade of crudités (rauwe groente om te dippen)....

TRUFFELDRESSING

Van verse truffels gaat toch ieders hart sneller kloppen? Alleen al de moeite die gedaan wordt om de ondergronds groeiende paddestoelen op te sporen: hiervoor is de gevoelige neus van honden of varkens nodig.
Truffels zijn zo multifunctioneel dat ze de prijs rechtvaardigen, vinden de echte liefhebbers. Truffelimporteurs Yolanda en Fred de Leeuw bijschrijven in hun boekje 'Passie voor truffels' hoeveel je met een enkele truffel kunt bereiken. Leg een gewassen truffel in een afgesloten pot met wat eieren, de volgende dag geuren die heerlijk naar truffel. Leg hem daarna in een blik met fijne bloem, de volgende dag heb je een geurige basis voor bijvoorbeeld truffelcake. Zo kun je ook cognac of rode port met truffel aromatiseren. De truffelolie in dit recept kun je ook zelf maken: gewoon wat schilletjes of restjes truffel een paar dagen in goede olijfolie laten staan.

1 eidooier * 1 theel honing * 1 theel witte wijnazijn * 1 eetl truffelolie * 1 eetl paddestoelenbouillon, of groentenbouillon * 200 ml mais-kiemolie * zout

Volg de algemene bereidingswijze op p. 7.

Je moet met eten niet te veel fratsen uithalen. Voor eten waar verse truffels in zitten, geldt dat in het kwadraat. Roer deze dressing dus door wat beetgaar gekookte pasta - niks meer aan doen verder - of druppel een beetje ervan over een smeuïg roereitje of op verse rundercarpaccio. Een geurige paddestoelentaart of quiche maak je met deze dressing helemaal àf.

ROBIJNRODE VINAIGRETTE

Dit is een recept dat de meeste mensen niet meteen zullen proberen, dus ga ik nu proberen je te overtuigen. Dit is namelijk een van mijn absolute favorieten, en zeker niet alleen vanwege de schitterende, diep robijnrode kleur (mooi op een bord gedruppeld ziet hij er erg indrukwekkend uit). Het belangrijkste is de heerlijk aardachtige, licht zoet-zure smaak, die wat pittiger wordt door de combinatie met mosterd. Een weergaloze verrassing op je bord!

1 bietje, gekookt * 2 theel mosterd * 1 theel rode wijnazijn * 4 eetl maiskiemolie * zout en peper

1 Schil de biet en snij hem in stukjes.
2 Pureer samen met de azijn en roer door een zeef.
3 Voeg mosterd, zout en peper toe en meng goed met elkaar.
4 Klop de olie erdoor tot een gladde vinaigrette.

Ik ben geen voorstander van design-eten, maar in dit geval kan ik het niet laten om mooie kleurencombinaties te bedenken. Dan denk ik aan roodlof, lekker met dat kleine bittertje erin, of sappige helderwitte en rode radijsjes. Of aan mooie gerookte forellen, omdat die ook dat licht aardachtige hebben. Maak er een salade van met de mooie rood-geaderde bladeren van de biet.
Een nieuwe haring doet het ook altijd goed bij bietjes(vinaigrette).

KWARK-ACETOSAUS

Een klein eerbetoon aan Aceto Balsamico. Met een ingrediënt dat zó mooi en bijzonder is, blijf ik koken... dit soort dingen inspireert evenzeer als een tuin vol geurige kruiden of een vakantie vol nieuwe smaaksensaties. Soms doop ik gewoon een stukje brood in de aceto om die rijke smaak in mijn mond te krijgen. Er zijn zelfs mensen die écht goede, gerijpte Aceto Balsamico puur uit een glaasje drinken (marineer er eens mooie rijpe aardbeien in, twee eetlepels plus een lepel suiker op 500 gram aardbeien, je weet niet wat je proeft!).
Supermarktazijn die onder de naam balsamicoazijn wordt verkocht, is een heel ander verhaal. Die mist de jarenlange houtrijping van de échte uit Modena, en dus ook de geconcentreerde, complexe en zachte smaak en bijna stroperige consistentie. Er zijn (meestal natuurlijke) kleurstoffen toegevoegd om de donkere kleur te krijgen die van fust en indikking afkomstig horen te zijn. Ik wil niet te streng zijn, balsamicoazijn is voor heel veel toepassingen prima te gebruiken. Als je die twee maar niet met elkaar verwart... en een keer wat geld overhebt voor de échte, waar je steeds maar een lepeltje of wat van hoeft te gebruiken om een overweldigend verschil te maken.

100 g kwark * 1 eetl aceto balsamico * 1 eetl olijfolie * 1 theel honing

Meng alle ingrediënten goed door elkaar met de staafmixer.

Dit is een bijzonder veelzijdige saus (en erg gezond bovendien!). De aceto verzacht het zure van de kwark en maakt deze lekker fris bij bijvoorbeeld een tomatensalade.

KOMKOMMERDRESSING

Denk nu niet gelijk aan tzatziki... deze komkommerdressing is lichter, vloeibaarder en eigenlijk nóg verfrissender. Omdat hij zo licht is, moet je er wel op letten dat hij niet te flauw wordt. Komkommer heeft een heerlijke, maar niet erg krachtige smaak. Even proeven of er nog zout of azijn bij moet, dus.
(Voor de liefhebbers: tzatziki maak je door een geraspte komkommer goed te laten uitlekken in een vergiet en dan te vermengen met dikke Griekse of Bulgaarse yoghurt, gehakte dille, munt en knoflook, een beetje olijfolie en azijn, zout en peper.)

1 eidooier * 1 theel witte wijnazijn * 1 theel honing * 100 ml bouillon * 1 theel mosterd * 1/2 komkommer, geschild en in stukjes gesneden
Volg de algemene bereidingswijze op p. 7.

Een typische saladedressing. Hou het simpel, groene (kruiden)salade met wat blokjes komkommer en een gehakt lente-uitje in dit geval het beste omdat de smaak van deze dressing vrij subtiel is.

CRÈME FRAÎCHE-BIESLOOKDRESSING

Je kunt net zoveel varianten van deze dressing verzinnen als je kruiden kunt bedenken, maar dit is volgens mij de lekkerste. Dat subtiel-pittige, uiige van bieslook met romige crème fraîche, plus de fris-zure citroen... zo is het precies goed.

sap van 1 citroen * 3 eetl olijfolie * 1 eetl witte wijnazijn * 1 eetl bieslook, fijngesneden * 150 g crème fraîche

Meng alle ingrediënten goed door elkaar.

Dit is typisch een saladedressing. In die salade kun je bovendien lekkere dingen doen als scampi, of een gerookt visje. Of je legt dat visje en die slablaadjes op een knapperig volkorenbroodje.

FRAMBOZENVINAIGRETTE

Framboosjes hebben liefde nodig. Ze zijn de meest delicate vruchtjes die er zijn, hun roze-rode velletje is bijna fluweelachtig en barst open van onvoorzichtige handen. De smaak past daarbij: lieflijk, zoet en bijna bloemig.
Haast zonde om ze te pureren, dus misschien is deze dressing vooral voor als onvoorzichtige handen je zijn voorgeweest...

1 eetl frambozenazijn * 50 g verse frambozen * 1 theel honing * 1 eetl olijfolie

Meng alle ingrediënten goed door elkaar.

Frambozenvinaigrette is nogal klassiek en luxe. Hij smaakt bijzonder goed bij (gerookte) kip of eend in een salade. Rivierkreeftjes, die van zichzelf ook een beetje zoetig smaken, laten zich graag begeleiden door deze vinaigrette. Bij zachte geitenkaas is hij verrassend lekker.

ANSJOVISSAUS

Ik heb overwogen deze saus 'alles uit de kast-dressing' te noemen, maar dat suggereert juist dat het heel veel moeite kost om hem te maken. Wat ik bedoel is het tegenovergestelde: een supersnel sausje met dingen die je altijd wel in een keukenkastje hebt staan. (Als je geen ansjovis en kappertjes in de kast hebt, kan ik je aanraden die in te slaan: ze zijn multifunctioneel en blijven een eeuwigheid houdbaar.)

4 ansjovisfilets, klein gesneden * 1 eetl kappertjes * 1 teentje knoflook, uit de pers * 4 eetl olijfolie
Meng alle ingrediënten goed door elkaar.

Deze dressing is te gebruiken als variant van de groentefondue uit de Noord-Italiaanse Alpen, 'Bagna Cauda'. Voor een heerlijk voorgerecht verwarm je de ansjovissaus zachtjes. Houd hem in een fonduepan op tafel warm en doop er rauwe of kort geblancheerde groente in, zoals bloemkool, venkel, worteltjes, paprika's en champignons. Er bestaan vele versies van deze specialiteit uit Piëmonte. Ansjovis, knoflook en olijfolie zitten er altijd in. Deze saus is verder ook erg lekker bij gebakken of gestoofde vissen.

ANTIBOISE

Dit is misschien wel mijn favoriete dressing, en in elk geval een van de dressings die ik het meest gebruik. Zo simpel eigenlijk, en toch zo veelzijdig, zo smaakvol, perfect gewoon! Ik ken niemand die niet een beetje verliefd is op deze harmonie van Zuid-Europese 'classics'. Antiboise ziet er op een bord schitterend uit, en het kan nóg mooier als je bij de rode ook nog een gele tomaat kunt vinden. Het is een apart ras, hij is dus niet onrijp zoals veel mensen denken. De smaak is vol en - tja - tomaatachtig, met een vleugje citrus.

2 tomaten, zaadlijst verwijderd en in blokjes gesneden * 6 blaadjes basilicum, in reepjes * 1 teentje knoflook, fijngehakt * 5 eetl olijfolie * grof zeezout * aceto balsamico

1 Meng alle ingrediënten behalve aceto en zout.

2 Druppel op de borden een beetje balsamico over de antiboise en er strooi wat zeezout in.

Antiboise komt het mooiste uit als je het niet door het gerecht vermengt, maar er omheen druppelt. Het haalt allerlei bereidingen zo mooi op! Groente, vis, gevogelte en zelfs lamsfilet wordt lekkerder met een beetje antiboise erbij. Een favoriet gerecht met antiboise is een klein plukje salade met daarop kort gegrilde Sint-Jacobsmosselen. Of gebakken scampi. Of allebei.

HONINGVINAIGRETTE

Weer zo'n lekkere klassieker, vinaigrette van honing en mosterd. Ze passen ook zo mooi bij elkaar, die twee. Let er wel op dat de honing niet gaat overheersen, dat gebeurt nogal snel en dan wordt het allemaal wel erg zoet.

2 theel mosterd * 1 eetl honing * 1 eetl citroensap * 1 eetl azijn * 6 eetl olijfolie * zout

Meng alle ingrediënten goed door elkaar.

Deze vinaigrette misstaat bij weinig salades, maar vooral als er op die salade een gegratineerd geitenkaasje ligt, en wat pijnboompitjes misschien, mag hij niet ontbreken.

DRESSING MET PARMEZAANSE KAAS

Sommige recepten halen bijzondere herinneringen naar boven. Deze dressing proefde ik bijvoorbeeld voor het eerst op Aruba. Na een middag aan het paradijselijke strand had ik nog niet veel honger, maar op het terras wilde ik wel graag iets eten bij mijn glaasje wijn. Bij een simpele salade van knapperig groene blaadjes kwam een romige dressing met Parmezaanse kaas, en nog wat schilfers kaas er overheen. Ik stond versteld. Soms vraag ik in zo'n geval het recept aan de kok, in dit geval ben ik toen ik thuis kwam meteen aan het experimenteren geslagen... met het volgende resultaat.

100 g graspte parmezaanse kaas * 1 eidooier * 1 eetl witte wijnazijn * 1 theel honing * 100 ml bouillon * 1 theel mosterd * 200 ml maiskiemolie

Volg de algemene bereidingswijze op p. 7.

Regelmatig maak ik nog zo'n eenvoudige salade bij deze dressing, de meeste mensen zijn dan net zo enthousiast als ik. Maar de dressing is (veel) veelzijdiger, probeer hem bijvoorbeeld bij carpaccio of gegrilde mediterrane groente.

PITTIGE PAPRIKAVINAIGRETTE

Mooi glanzende paprika's lijken haast te barsen van zoet, kruidig sap én van vitamine C. Vooral als je ze poft in de oven (zie p. 21). Moeilijk is dat poffen niet, het kost alleen wat tijd. En hoewel ik het absoluut de moeite waard vind, smokkel ik zelf ook wel eens als ik weinig tijd heb en ze toch verder ga verwerken. Drie minuten op vol vermogen in de magnetron. Niet verder vertellen.

2 eetl paprika, ontveld en fijngesneden * 1 rode peper, zaadjes verwijderd en fijngesneden * 1 eetl koriander * Franse vinaigrette van p. 13

Roer paprika, peper en koriander door de Franse vinaigrette.

Deze pittige vinaigrette is lekker bij tapa-achtige borrelhapjes: Maak gekookte mosselen open en breek steeds één van de twee schelpen er af, zodat het mosselvlees in de andere schelp blijft liggen. Leg ze naast elkaar in een schaal en giet er deze vinaigrette over. (Heb je weinig tijd, dan kun je het openen van de mosselen natuurlijk ook aan de eters overlaten...)

PORTDRESSING

Deze dressing is heerlijk bij paté of bij wild. Vegetarische gerechten met bijvoorbeeld paddestoelen of wintergroenten krijgen meer pit door de krachtige smaken van port, azijn en mosterd. Ook heerlijk is het om de dressing voor het serveren licht te verwarmen (niet laten koken!). Perfect bij een groene salade met peer en pittige blauwe kaas.

1 eetl port * 1 eetl rode wijnazijn * 1 theel honing * 1 eidooier * 100 ml bouillon * 1 theel mosterd * 200 ml maiskiemolie

Volg de algemene bereidingswijze op p. 7.

DROOMVINAIGRETTE

De naam 'dille' schijnt af te stammen van het Saksische woord voor 'in slaap wiegen'. Vreemd, want het is een heel opwindend kruid! Ik kan erg enthousiast worden van de delicate en toch krachtige geur en frisse, haast bloemige smaak van die mooie tere blaadjes. Het is dé smaakmaker in gravlax, de godenspijs die je krijgt door verse zalm dagenlang te marineren in suiker, zout en dille. Misschien moeten we het erop houden dat het een kruid is om van te dromen...
Veel mensen zeggen dat ze niet van dille houden. Misschien is het net als bij koriander, dat je even moet wennen voor je van de smaak leert houden. Hoe dan ook verdient zoiets moois zeker een tweede kans!

1/2 bosje dille * 1 theel azijn * 1 theel honing * 4 eetl maiskiemolie of olijfolie * zout
Meng alle ingrediënten goed door elkaar.

Bij (gerookte) zalm is deze vinaigrette perfect, net als bij vrijwel alle fijne witte vissoorten. Ook in aardappelsalade is dillevinaigrette een verrassende smaakmaker. Kook nieuwe aardappeltjes (schillen hoeft niet, mag wel) en meng er als ze nog warm zijn deze vinaigrette doorheen, plus dunne ringen rode ui en een eetlepel kappertjes.

FRISSE YOGHURT-CITROENSAUS

Als je ooit de begrippen vrolijk, fris, lichtvoetig en zomers in één smaak zou willen uitdrukken, dan zou dit wel eens het resultaat kunnen zijn. Er zijn van die zonovergoten dagen die zonder deze dressing niet compleet lijken te zijn.
Ik gebruik het liefst volle, romige Griekse yoghurt, maar als ik op de calorieën probeer te letten is ook magere yoghurt zeer aanvaardbaar. Wil je juist een romigere smaak (en dit is een aanrader), vervang dan de helft van de yoghurt door crème fraîche. Als je zin hebt in een iets pittigere citrussmaak, neem dan limoenen (acht ongeveer).

200 ml yoghurt * 1 eetl witte wijnazijn * sap van 4 citroenen * 1 eetl honing * 2 eetl olijfolie

Meng alle ingrediënten goed door elkaar.

Yoghurtdressing met citroen is heerlijk bij een salade met mozzarella en gegrilde paprika's en pepers: die laatste twee gril je in de oven of boven een gasvlam tot ze zwartgeblakerd zijn, dan laat je ze in een afgesloten kom afkoelen en verwijder je de schilletjes. Wat blaadjes basilicum en rucola erbij... smullen!
Misschien wil je het helemaal 'light' houden... dan geen mozzarella, maar bijvoorbeeld een paar plakken heerlijke, dieprood gerijpte tomaat.
Ook bij een gegrilde kipfilet is deze dressing trouwens niet te versmaden.

PETERSELIE-KNOFLOOKDRESSING

Peterselie en knoflook zijn een gouden duo, in deze dressing smaken ze alsof ze voor elkaar gemaakt zijn. Peterselie maakt knoflook wat rustiger, hij heeft niet meer dat felle; knoflook haalt de frisse smaak van peterselie naar boven en laat hem helemaal tot zijn recht komen.
Er wordt wel eens gezegd dat rauwe peterselie de knoflookadem tegengaat. Dat klopt, maar denk maar niet dat het hiermee zo werkt... daar is wel wat meer peterselie voor nodig.

1/2 bosje peterselie, fijngesneden * 1 teentje knoflook, geperst * 1 eidooier * 1 eetl witte wijn azijn * 100 ml bouillon * 1 eetl honing * 200 ml maiskiemolie
Volg de algemene bereidingswijze op p. 7.

Ik kan eigenlijk weinig bedenken waar deze dressing níét bij past... combineer er maar op los.

RUCOLAVINAIGRETTE

Leuk om te zien hoe sommige producten in korte tijd helemaal trendy worden. Een jaar of tien geleden vroeg ik me nog af wat toch die pittige, nootachtige blaadjes waren waarmee de 'Sarde in marinata' (gemarineerde sardientjes) bestrooid waren. Dat was tijdens een vakantie aan de kust van Ligurië, een walhalla voor liefhebbers van verse kruiden en vissen. Nu, tien jaar verder, is rucola in iedere supermarkt te krijgen!

1/2 bosje rucola * 1 theel witte wijnazijn * 1 teentje knoflook, uit de pers * 4 eetl maiskiemolie of olijfolie * zout

Meng alle ingrediënten goed door elkaar.

Die 'Sarde...' maak je door gebakken sardientjes te overgieten met deze vinaigrette, plus flink wat schijven citroen, ze daarin te laten afkoelen en nog een paar uurtjes te marineren. Ook héél lekker met verse makreel. Verder is rucolavinaigrette gewoon heerlijk in salades.

UI-BALSAMICODRESSING

Donkerbruin, aromatisch en bijna stroperig... zoet, krachtig en heerlijk complex van smaak... gemaakt van de mooiste witte wijn en soms tientallen jaren gerijpt in steeds kleinere vaten van kastanje- kersen- of jeneverbeshout... Aceto Balsamico uit Modena is één van de mooiste producten die er zijn (het woord 'azijn' lijkt er net zo op van toepassing als 'huis' op een Romeins paleis).

1 ui, klein gesnipperd * 1 eetl aceto balsamico * 4 eetl maiskiemolie
Meng alle ingrediënten goed door elkaar.

Als je écht goede aceto hebt bemachtigd, doe er dan alsjeblieft zo weinig mogelijk mee. Gebruik hem in eenvoudige bereidingen die de smaak zo goed mogelijk naar voren laten komen. Gegrilde of gebakken radicchio is een gerecht dat in de omgeving van Modena wordt gegeten. Snijd mooie kleine kropjes in vieren, bestrijk met olijfolie en gril ze heel kort. Besprenkelen met deze dressing en verder helemaal niks meer aan doen! Ook de meest eenvoudige salades doen recht aan deze gouden dressing.

VINAIGRETTE VAN GEDROOGDE TOMAAT

Die zoete, aromatische gedroogde tomaatjes zijn zo'n lekkere smaakmaker, dat ik naast een tomaatjesdressing ook nog deze vinaigrette heb opgenomen.
Dat drogen, zou je een keer zelf moeten proberen. Het kost wat tijd, maar als het eerste tomaatje van de bakplaat rechtstreeks in je mond verdwijnt, weet je zeker dat je nooit meer anders wilt. De tomaten moeten zo rijp mogelijk zijn, je kunt ze na aankoop nog een paar dagen thuis laten narijpen als je dat wilt. Snijd ze doormidden, schep de zaadjes eruit, bestrooi de binnenkant met peper, zout, olijfolie en eventueel wat kruiden. Op de ingevette bakplaat laat je ze vijf tot tien uur drogen op 50 tot 100 graden, met het deurtje van de oven op een kier. Wel af en toe kijken of ze al goed zijn, het lekkerst is eigenlijk als ze nog net een beetje sappig zijn en heerlijk smeuïg.

1 eetl gedroorgde tomaat * 1 theel witte wijnazijn * 4 eetl olijfolie * zout
Meng alle ingrediënten goed door elkaar.

Probeer deze vinaigrette eens door wat dunne pasta, spaghetti bijvoorbeeld. Je kunt er nog wat andere lekkere dingen aan toevoegen - wat geraspte Parmezaanse kaas, een handje olijven - maar zo is het ook al een verrassend compleet gerechtje.

PITJESDRESSING

De uitsmijter: een kunstwerkje in helder roze-rood, donkerbruin en zachtgeel. Zoet, zuur en zacht, nootachtig en aards, en al die smaken en kleuren zijn toch in harmonie.

10 paddestoelen naar smaak * pitjes van 1 granaatappel * 1 eetl geroosterde pijnboompitjes * 20 rozijnen, geweekt * 1 citroen, geschild en in kleine blokjes gesneden * 200 ml olijfolie

1 Bak de paddestoelen even aan in een beetje olijfolie.

2 Haal van het vuur en voeg de pijnboompitjes, granaatappelpitten, rozijnen en de rest van de olie toe.

3 Roer goed door elkaar en roer er als laatste de citroenblokjes toe.

Dit is heerlijk en erg decoratief bij een salade van heel dun gesneden gerookte fazant (of, als dat lastig te krijgen is, gerookte kip of ander gevogelte). Leg de plakjes als een carpaccio op de borden en schep de pitjesdressing er mooi omheen. Ook bij allerlei wildsoorten is hij perfect: een lekker hertenbiefstukje bijvoorbeeld. Ik gebruik hem vooral bij voorgerechten van lichtere wildsoorten. Geniet ervan!

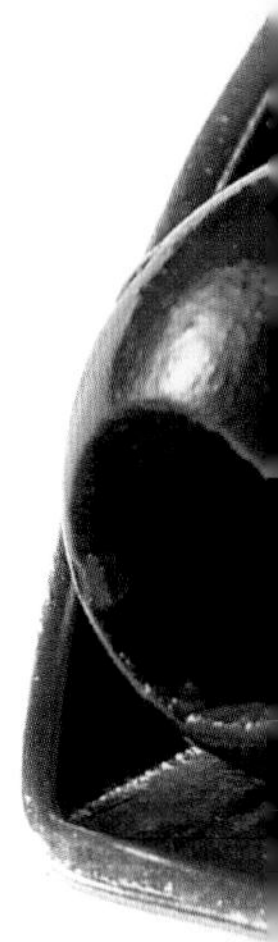